MINUTES DE NOTAIRES

MONTMURAN

ET

SAINT-GILLES

PAR

A. ANNE DUPORTAL

Membre de la Société Archéologique d'Ille-et-Vilaine
et de l'Association Bretonne.

Vice-Président de la Société d'Émulation des Côtes-du-Nord.

RENNES

IMPRIMERIE EUGÈNE PROST

rue Leperdit, 4.

1902

MINUTES DE NOTAIRES

MONTMURAN

ET

SAINT-GILLES

PAR

A. ANNE DUPORTAL

Membre de la Société Archéologique d'Ille-et-Vilaine
et de l'Association Bretonne.

Vice-Président de la Société d'Émulation des Côtes-du-Nord.

RENNES

IMPRIMERIE EUGÈNE PROST

rue Leperdit, 4.

1902

Extrait du tome XXXI des *Bulletin et Mémoires de la Société Archéologique d'Ille-et-Vilaine.*

MINUTES DE NOTAIRES

MONTMURAN — SAINT-GILLES

Toutes les études de notaires possèdent un fonds de minutes des siècles passés qui constituent, par les actes de tous genres qu'elles contiennent, ventes, baux, tutelles, contrats de mariage, testaments, minus et autres, une source abondante de documents curieux et souvent précieux pour l'histoire des familles, des terres, des seigneuries, des droits féodaux, etc., malheureusement inutiles, la plupart du temps, parce que, propriété privée, ils sont généralement d'un accès assez difficile.

Parviendra-t-on, comme on le demande de tous côtés, à les tirer de l'obscurité où ils dorment ignorés et enfouis au fond des vieux cartons qui ne s'ouvrent jamais et à les réunir dans les Archives Départementales pour être mis à la disposition de tous? Il faut l'espérer.

Des minutes gardées dans une des études de notaire de Hédé, qu'on a bien voulu me laisser parcourir, mais qui, malheureusement, ne remontent pas plus haut qu'à la fin du XVIIe siècle, j'ai relevé précédemment une protestation du Grand-Voyer de Dol contre son évêque[1]; aujourd'hui,

1. *Un droit féodal dans l'évêché de Dol au* XVIIIe *siècle*, par Anne Duportal. (Extrait des Mémoires de l'Association Bretonne, session de Saint-Brieuc, 1896.)

j'en extrais les actes de vente et de prise de possession des terres et seigneuries de Montmuran et de Saint-Gilles.

I

MONTMURAN

Le 19 mai 1743 mourait à Paris dame Renée-Françoise de Coëtquen, comtesse de Mornay, dame seigneure de Montmuran.

Françoise-Renée de Coëtquen, fille de Henri-Pélage dit comte de Coëtquen et marquis de la Marzelière et de dame Françoise Belin, naquit à Saint-Malo où elle fut ondoyée le 9 mai 1670. Son père, fils cadet de Malo marquis de Coëtquen et comte de Combourg, gouverneur de Saint-Malo et gentilhomme ordinaire de la Chambre du Roi, avait acquis en 1665, par retrait lignager, la châtellenie de Montmuran et Tinténiac, vendue tout d'abord, en 1662, par sa parente, Henriette de Coligny, arrière-petite-fille de l'amiral Gaspard, seigneur de Montmuran par son mariage en 1547 avec Charlotte de Laval, héritière de la seigneurie, et alors femme de Thomas Hamilton, comte de Hadington, à Messire Gilles Huchet, seigneur de la Bédoyère, pour la somme de 273,000 liv.

Trois ans après son acquisition, haut et puissant Henri-Pélage de Coëtquen, le nouveau seigneur, épousa le 22 octobre 1668, dans la chapelle de son château de Montmuran[1], demoiselle Guillemette Belin, dame de la Havardière, fille aînée de Jean

1. Registres paroissiaux des Iffs.

Belin, sieur de la Maisonneuve, et de dame Germaine de Saint-Georges, fils lui-même de Antoine et de Julienne Fretté, sa première femme, et petit-fils de Jean Belin et de Jeanne de la Haye. Elle était née à Saint-Malo le 9 mai 1633, et eut une sœur cadette, Marie Belin, mariée avant-elle à François Le Marant, sieur de Saint-Eutrope[1].

Le 27 septembre 1685, ayant à peine quinze ans, Françoise-Renée de Coëtquen épousait Henri-Charles de Mornay, colonel du régiment de Béarn en 1684, capitaine du château de Saint-Germain-en-Laye par survivance de son père, aide de camp de M. le Dauphin, tué au siège de Menheim le 9 septembre 1688, fils aîné de messire Henri de Mornay, marquis de Montchevreuil, sieur de Vaudampierre, chevalier des Ordres du Roi, gouverneur et capitaine du château de Saint-Germain-en-Laye par provisions du 30 août 1685, ci-devant gouverneur de Louis de Bourbon, comte de Vermandois, et de Louis-Antoine de Bourbon, comte du Maine, et de dame Marguerite d'Orsay[2].

Françoise-Renée de Coëtquen eut une sœur cadette, née au château de Montmuran le 5 octobre 1674, et ondoyée le 27[3], qui mourut jeune; et un frère, Malo-Jean-Baptiste, né à Saint-Malo le 22 janvier 1676 et nommé le 21 novembre 1682 par son grand-père, Jean Belin, sieur de la Maisonneuve[4].

Malo-Jean-Baptiste, comte de Coëtquen, seigneur de Montmuran, marquis de la Marzelière, baron du Frettay, de Poligné et du Vauruffier, vicomte de

1. Registres paroissiaux de Saint-Malo.
2. La Chesnaye des Bois.
3. Reg. par. des Iffs.
4. Reg. par. de Saint-Malo.

Rougé après son père, décédé le 15 novembre 1677, ne vécut que peu d'années et mourut dans le Hainaut, pendant la guerre contre la Hollande, en mai 1693, à l'âge de 17 ans, laissant sa sœur, la comtesse de Mornay, unique héritière des grands biens de leurs père et mère.

La comtesse de Mornay elle-même n'eut point d'héritiers directs. Veuve à 18 ans, dans le court espace de temps qu'avait duré son mariage, elle n'avait point eu d'enfants et, fidèle au souvenir de son mari, n'avait point songé, pendant les 55 ans qu'elle lui survécut, à contracter une nouvelle alliance. Lors donc qu'elle décéda à Paris à l'âge de 72 ans, il ne se trouva que des héritiers collatéraux pour recueillir sa succession.

Le nombre de ces collatéraux et peut-être de légataires, dont, par parenthèse, parmi ceux que nous connaissons, bien peu semblent appartenir à la noblesse, mais presque tous à des familles de marins, se trouva tel qu'il nécessita la division de l'héritage en un nombre considérable de lots, et qu'ainsi que nous le verrons dans la vente de l'importante seigneurie de Tinténiac et de Montmuran, il y eut au moins trente-deux parts.

A cause de cette grande division la seigneurie ne put être vendue en bloc, et il fut nécessaire de passer plusieurs contrats avec un ou plusieurs héritiers, suivant que ceux-ci étaient disposés à vendre. Il y eut plusieurs acquéreurs, mais le principal fut M. Joseph-Marie-Anne de la Motte, seigneur du Bois-Tomelin, qui, par contrat du 17 juillet 1750, devint possesseur de la plus grande partie[1].

1. Joseph-Marie-Anne de la Motte appartenait à une branche cadette des La Motte de la Motte-Rouge, juveigneurs de la maison de Dinan. Il

Cinq semaines plus tard, le nouveau seigneur chargeait son procureur-fiscal de remplir les dernières formalités qui devaient le rendre définitivement propriétaire, et celui-ci faisait appeler un

naquit à Saint-Malo en 1713, de Pierre de la Motte, seigneur de la Villeagan, et de dame Marie Servanne de Miniac, fille de Charles de Miniac, sieur de la Ville-ès-Nouveaux, et de dame Servanne Le Clavier de Miniac. Le 13 janvier 1773 il eut l'honneur de présider, par intérim, les Etats de Bretagne tenus à Rennes.

Un an après son acquisition de Montmuran, le nouveau seigneur prit femme, et le 12 septembre 1751 furent publiés dans l'église des Iffs les bans de son mariage avec demoiselle Marie-Anne de Vion, fille de Messire René de Vion, chevalier, seigneur de Tessancourt, Maisoncelles, Carrière, Gros-Rouvray et autres lieux, et de dame Marguerite de la Salle.

Le mariage de Joseph-Marie-Anne de la Motte demeura stérile, mais il avait trois frères plus jeunes que lui et une sœur, Marie-Jeanne, qui fut mariée à René-Jacques Lesaige de la Villesbrune.

De ces trois frères, Pierre-Jean, seigneur de Lesnage et de Bonnefontaine, né en 1715 et mort en 1779, avait épousé demoiselle Anne-Thérèse du Fresne du Colombier, sans enfants, et François-Vincent, sieur du Boisleraut, n'eut point d'alliance. Seul, Julien-François, sieur de Beaumanoir, Trans et autres lieux, né en 1721 à la Martinique, où il commanda la Compagnie du Port-Margot, député aux Etats en 1766, s'était marié en 1749 avec demoiselle Marie-Michelle Bousleau, dont il eut trois fils et deux filles. La dernière, Marie-Julienne, née au château de Montmuran le 18 juin 1766 et nommée le lendemain par Messire Pierre-Jean-Martial, son frère, et Marie-Jeanne de la Motte, dame de la Villesbrune, sa tante, épousa M. Gabriel-Julien-Jacques-Louis de la Forest d'Armaillé, dont ne vinrent que deux filles, mariées l'une, Julie, en 1805, à M. Louis de Lorgeril, et l'autre, Louise, en 1825, à M. le comte Alexandre de Palys. La fille aînée, Josephe-Marie-Anne de la Motte, née au Cap-Français le 12 novembre 1755, devint, le 21 juillet 1772, femme de Jacques-René-Jean-Baptiste-Artur de la Villarmoys.

Des trois fils, l'aîné, Jean-François de la Motte, mourut en 1779, à 17 ans, sous-lieutenant au Régiment de Cuirassiers du Roi, sous le nom de chevalier de Montmuran, et René, le troisième, lieutenant de vaisseau, fut tué en 1795 par les Républicains au combat d'Elven.

Pierre-Jean-Martial de la Motte, le second fils, capitaine au Régiment royal de Bourgogne-Cavalerie, puis, en émigration, au Régiment du Dresnay, le seul qui survécut au seigneur de Montmuran, devint son héritier, et, quoique le château et la terre, confisqués, eussent été vendus nationalement le 13 juillet 1794, un an avant le décès de M. Joseph-Marie-Anne de la Motte, leur propriétaire, émigré à Jersey, où il mourut à l'âge de 82 ans, le 18 novembre 1795, porta jusqu'à sa mort, en 1823, le titre de marquis de Montmuran.

Après le décès de Germain-Pierre-Georges de Lanjamet en 1786, il en avait épousé la veuve, dame Charlotte de Guibert, mais n'en eut point d'enfants et, avec lui, s'éteignit la branche des La Motte-Rouge de Montmuran. *(Une partie de cette note a été tirée de l'ouvrage* « les Dinan » de *Mme la comtesse de la Motte-Rouge.)*

notaire de la juridiction royale de Hédé et un notaire de la juridiction de Saint-Georges à Tinténiac pour rédiger le procès-verbal suivant de la prise de possession qui occupa onze jours, du 31 août pour finir le 26 septembre :

« Par devant Maître Boursin, notaire royal à Hédé, et Jan Baptiste Regnard, notaire de la juridiction de St Georges à Tinténiac... » Prise de possession « par Me André Julien Boudet, P[r] fiscal de la juridiction de Tinténiac et Montmuran, procureur spécial de Messire Joseph Marie Anne de la Motte, Chevalier, seigneur du Bois-Tomelin et autres lieux, acquéreur de la terre et seigneurie du Comté de Tinténiac et Montmuran... » d'avec « dame Marie Pégasse et noble homme René Pégasse[1], sieur de Beauvallon, son mari, demoiselle Françoise Regnard[2], veuve du sieur Olivier Dupré, dame Hélène Céleste du Minihy et noble homme Louis Loisel[3] son mary, demoiselles Hélène et Marie

1. On trouve dans le Nobiliaire de P. de Courcy une famille Pégasse, sieur du Plessix, au ressort de Quimperlé, portant : *d'azur à une bécasse d'or, accompagnée de trois étoiles de même*, qui ne figure pas à la réformation de 1668. On connaît, outre ceux qui sont mentionnés ici, demoiselle Louise Pégasse, femme de noble homme Jean Le Couriault, seigneur de Kertudal, vivant en 1650, et demoiselle Jeanne-Marie Pégasse, mariée à Messire Joseph Corentin de Cléguenec, Chevalier, seigneur de Meslien et de Kermadehoué, dont une fille, Marie de Cléguenec, épousa : 1° le 7 novembre 1707, à Cléguer, près Lorient, Messire Joseph-Yves, Chevalier, Comte de Robecq, Premier Capitaine général garde-côtes de Port-Louis, et 2° le 14 janvier 1721, Messire Philippe du Grez de Mont-Saint-Père, Enseigne des vaisseaux du Roi.

2. De la famille de Jean-Baptiste Regnard, l'un des notaires rédacteurs de l'acte de prise de possession.

3. Noble homme Louis Louaisel ou Loisel, Capitaine sur un des bâtiments des cinq grosses fermes du Roi, et demoiselle Hélène-Céleste Le Minihy de la Ville-Carmel habitaient Saint-Servan. Ils eurent une fille, nommée Charlotte-Pélagie, baptisée le 1er août 1740, qu'ils marièrent à Jean-Vincent Sanguinet, et qui mourut le 1er novembre 1782. (Reg. par. de Saint-Malo.)

En juillet 1769, Hélène-Céleste Le Minihy, devenue veuve, se remaria avec Jean-Joseph Sanguinet.

Sanguinet[1], et demoiselle Laurence Girard de Kerenflec'h, épouse et procuratrice générale du sieur Pierre André de Sanguinet, attendu son absence aux Indes Orientales, aux fins du contrat du 7 juillet dernier, au rapport de Hullard et Gendron, notaires royaux à St-Malo. »

1. Les Sanguinet ne sont pas mentionnés dans le Nobiliaire de P. de Courcy. C'était une famille de marins, que nous trouvons à Lorient, au milieu du XVIIIe siècle, au service de la Compagnie des Indes.

François de Sanguinet épousa, à Saint-Malo, le 6 juillet 1723, Julienne Guyon, née le 8 septembre 1695, fille de Guillaume Guyon, Capitaine de la *Françoise*, qui périt avec tout son équipage, dans le naufrage de son navire, perdu corps et biens, en revenant de Terre-Neuve, et de Françoise Buisson.

Ce François, Pierre-André, Jean-Joseph Sanguinet, ces deux derniers capitaines sur les vaisseaux de la Compagnie des Indes, les demoiselles Hélène et Marie que nous trouvons ici, sont, vraisemblablement, frères et sœurs.

C'est, probablement, de François que vint Jean-Vincent qui dut naître à Saint-Servan, mari de Charlotte-Pélagie Loisel, ci-dessus.

Noble Pierre André, dit Chevalier dans la dispense de bans obtenue pour son mariage, épousa, en mai 1749, demoiselle Laurence-Renée Gillard de Keranflec'h, née vers 1730, de Mathieu ou Mathurin-Joseph Gillard de Keranflec'h, Receveur général des Devoirs, Lieutenant général de la côte, et de dame Marie-Hyacinthe Louvart de Pontigny.

Cette demoiselle Laurence-Renée Gillard avait eu trois sœurs : Marie-Guyonne-Vincente qui épousa, le 24 mars 1751, François-Julien Querangal de Kerascouët, Lieutenant des vaisseaux de la Compagnie des Indes, fils de Maurice de Querangal, sieur de la Ville Héry ; demoiselle Claudine-Françoise, mariée, le 15 avril 1751 à François Bonnefin, Directeur des Devoirs à Lorient, et Marie-Thérèse-Gabrielle, née en 1732, épouse de Messire Pierre-Joseph de Becdelièvre, dont vint Laurence de Becdelièvre, mariée en 1780 à Messire Joseph-Claude de Derval, seigneur de la Haye-Eder, Coëtbily, etc.

La famille Gillard, venue du Maine en Bretagne où elle possédait dans l'évêché de Léon les terres de Keranflec'h et de Larc'hantel, portait : *de gueules à deux clefs d'argent en sautoir, la garde en haut.*

Pierre-André de Sanguinet eut de Louise-Renée Gillard un fils, Pierre, baptisé à Lorient le 11 mai 1762. C'est à ce mariage que doit être encore, vraisemblablement, attribuées Marthe-Françoise et Louise Petronille de Sanguinet qui épousèrent, la première, le 12 septembre 1785, Messire Cesar-Phœbus-Joseph de Filley de la Barre et, la seconde, en mars 1787, Toussaint-Blaize Cozet.

Jean-Joseph de Sanguinet, marié en 1731 à demoiselle Suzanne Pignolet, en eut une fille, Jeanne-Perrine Fortunée, femme, le 17 décembre 1754, de Antoine-Jacques Fraboulet, sieur de Kerorgan, officier sur les vaisseaux de la Compagnie des Indes.

Devenu veuf, Jean-Joseph de Sanguinet se remaria en 1769 avec dame Hélène-Céleste du Miniby, veuve de noble homme Louis Loisel.

La première partie, peu intéressante, consiste dans la visite faite par Elie Berthault, maçon, René Corvaisier, charpentier, et Guillaume Gautier, couvreur, amenés « pour dire leur avis sur le sujet des indigences et réparations nécessaires audit château. » Cet état de lieu ne nous apprend rien ou très peu de choses sur le château.

On voit d'abord « à l'entrée du portal un long pont dormant et au bout d'icelùy un petit pont-levis, ledit pont dormant supporté par deux piliers de pierre contenant de longueur trente-quatre pieds et treize de largeur, le grand et le petit pont-levis avec la herse qui les soutient. »

On mentionne aussi, mais sans les décrire « la grande écurie, la chambre au-dessus..., la chambre au-dessus de la boulangerie, la boulangerie, la remise à côté..., les deux petites escuries. joignant l'escalier de la chapelle..., l'appartement servant de cuisine, l'office à côté avec l'escalier descendant à la cave..., la chambre au-dessus de la cuisine, nommée la Sallette, chambre à côté, l'antichambre sur ladite Sallette..., la seconde chambre au-dessus du portal appellée la chambre des Evesques et sur cette chambre deux autres petites. »

Dans la grosse tour, « la chambre de Madame de la Marzelière. »

Le colombier bâti de pierres, voûté, sans couverture, petite tour joignant les remises,... la tour appellée le Donjon... »

« En la pocession duquel château, de ses dépendances, coulombier, bois du Parc, rabinnes, pâtis, terres vaines et vagues, vallons, bois, prés, moulins, étangs et couailles, nous avons mis et induit ledit sieur Boudet, qui l'a prise et acceptée pour et au nom de mondit seigneur de la Motte du Bois Tomelin et de ses associés... Scavoir, dans ledit château fait feu, fumée, bu, mangé, ouvert et fermé les portes et fenestres des appartements d'icelluy et fait sur les autres terres et dépandances tous actes et formalités requises... »

Le lendemain les notaires quittent le château et s'en vont, avec le procureur de M. de la Motte, dans les paroisses voisines rapporter procès-verbal des « marques, escussons et droits honorifiques » qui se trouvent dans les églises dont le seigneur de Tinténiac et Montmuran est Supérieur et Fondateur[1].

LES IFFS

« Et avenant le mardy, premier jour de septembre mil sept cent cinquante, nous nous sommes transportés dans l'église paroissialle des Iffs de laquelle la dite terre et seigneurie du comté de Tinténiac et Montmuran est Seigneure Supérieure, Fondatrice et Patronne, à la porte de laquelle Nous avons trouvé vénérable et discrept prestre missire Pierre Quelavoine, Recteur d'icelle et de Sainct-Brieuc des Iffs, en compagnie duquel nous y avons entré pour rapporter procès-verbal des marques et escussons et droits honorifiques y estant dépandants de lad. terre, ce que faisant après led. sieur

1. Ce procès-verbal présente d'autant plus d'intérêt que, depuis l'époque où il a été rédigé, l'état des lieux s'est considérablement modifié, que les verrières ont subi de grands changements, qu'un grand nombre d'écussons n'existent plus, que les bancs armoriés ont été enlevés, que l'église de Saint-Meloir des Bois a été désaffectée à la Révolution, que l'ancienne église de la Chapelle-Chaussée a été reconstruite en 1830, enfin que celle de Tinténiac vient de disparaître à son tour avec tous ses vitraux et son curieux porche du XIVe siècle, pour faire place à une construction nouvelle.

Boudet aud. nom, led. sieur recteur, nousdits nottaires et autres personnes présentes, avons fait généflection au devant du principal autel et du sacraire de ladite Eglise, avons remarqué :

Scavoir :

A la maîtresse vitre et principalle du grand autel, au bas d'icelle, aux deux meneaux de lad. vitre, deux escussons d'armoiries, le premier *portant un escu de Laval, d'or à la croix de gueules chargée de cinq coquilles d'argent, cantonnée de seize alerions d'azur*, ledit escusson orné du collier de l'Ordre de Saint-Michel et d'une couronne de Duc au-dessus.

Le second escusson *escartelé, au premier, de France, au second et troisiesme, à un mesme escu de Laval ci-devant spécifié, au quatriesme, d'azur, à trois fleurs de lys d'or traversées d'une bande eschellée*[1] *d'argent et de gueules, et sur le tout, de gueules à un lion d'argent, orné de pareil collier et couronne*[2].

Dans la chapelle du costé de l'Evangile, proche dud. grand autel, apellée la Chapelle de Laval ou des seigneurs de Tinteniac et Montmuran, en la

1. *Eschellé* n'appartient pas à la langue du blason. Le notaire, Me Boursin, a voulu dire, sans doute, échiqueté. Une bande échiquetée, ou plutôt componée, comme est celle-ci, peut, en effet, ressembler à une échelle.

2. Cet écusson qui était celui de Guy XVI de Laval se lisait: *Ecartelé au 1er, de France; au 2e et 3e, de Laval-Montmorency; au 4e, de d'Evreux; sur le tout, de Vitré.*

Lors du mariage de Jeanne de Laval, en 1424, avec Louis de Bourbon, Comte de Vendôme, il avait été stipulé dans le contrat passé à Rennes le 24 août, que le deuxième fils issu de cette union serait tenu, si sa mère devenait plus tard, par le décès de ses mère et aïeule et de ses frères, héritière principale de sa maison, de porter le nom de Laval avec le cri et les armes écartelées de celles de France. Quoi que Jeanne de Laval n'eut eu qu'un fils qui continua la lignée de Vendôme dont devaient sortir les rois de Navarre et Henri IV, c'est, sans doute, pour perpétuer le souvenir de cette illustre alliance, que Guy XVI plaçait les fleurs de lys de France au premier canton de ses armes.

maitresse vitre de lad. chapelle, au dessus de l'autel d'icelle, un autre escusson de Laval semblable au précédent, orné du mesme collier et couronne.

En la chapelle St Yves, du costé de l'Epitre, il y a trois vitres en chascunes desquelles il y a un escusson des mesmes armes que ci-dessus.

Dans la costalle de lad. Eglise, du costé de l'Evangile, au dessus de la porte de la Sacristie, un escusson en relief de taille portant, suivant les couleurs y appliquées, *de gueules à trois fasces d'argent au bâton d'azur*, qui sont les mesmes armes de Tinteniac[1].

Dans la nef de lad. Eglise, en la chapelle du Rosaire, en la vitre de lad. chapelle sont, en haut d'icelle, deux autres semblables escussons de Laval et, au-dessous, un autre escusson portant Couesquen[2].

Sur le pilier du bas de la voûte de lad. chapelle est un autre escusson en peinture desd. armes de Tinteniac.

Dans l'autre chapelle, avis la précédante, du costé de l'épitre, avons veu dans la vitre d'icelle cinq semblables escussons de Laval et de leurs alliances, de mesme façon et ornements de collier et couronne que ceux ci-dessus mentionnés en la vitre principalle de lad. Eglise.

En la vitre du bas de l'Eglise, au dessous du clocher il n'y a plus d'escusson.

Et, en cet endroit, le sieur Boudet aud. nom, a

1. Le rédacteur, soit que l'éloignement ou l'état des couleurs ne lui permît pas de bien voir, soit, plutôt, que sa science héraldique laissât à désirer, commet ici une petite erreur qu'il répétera dans tout le cours de son procès-verbal. Les armes anciennes de Tinteniac étaient : *d'argent à 3 jumelles d'azur, à la cotice de gueules brochant.*

2. *Bandé d'argent et de gueules de six pièces.*

sommé le Sr Recteur, suivant les ordres de mondit Seigneur de la Motte du Bois Tomelin, de faire à l'avenir pour lui, en qualité de propriétaire de lad. terre et comté de Tinteniac, les prières nominalles au prosne de la Grand Messe, tant comme supérieur fondateur que patron de lad. Eglise, ce qu'il a promis de faire, connaissant pour tel.....

LA CHAPELLE-CHAUSSÉE

Missire François Sevegrand, prêtre curé, en l'absence du Recteur, fait ouvrir l'Eglise ou «... nous avons remarqué en premier lieu que, dans la grande et maitresse vitre au-dessus du grand autel, il n'y a aucun escusson ny marques aparantes, ny lieux pour en pouvoir placer, d'autant que lad. vitre est toute employée en verre de couleurs représentant l'histoire de la Mort et Passion de Nostre Seigneur.

Avons veu dans une petite vitre du costé de l'Epitre assé proche dud. grand autel, au haut de laquelle est un escusson armoyé des mesmes armes de Laval, *d'or à la croix de gueules chargée de cinq coquilles d'argent, cantonnée de seize allerions d'azur.*

Au joignant dud. autel, du costé de l'Evangile, hors le sanctuaire, avons aussy veu un petit banc à queue et acoudouërs cy-devant non marqué d'aucunes armes, auquel on a mis depuis peu les armes de Monsr de Bégasson[1], ainsi que nous l'a déclaré led. Sieur Sevegrand, p[tre], et le Sieur Boudet nous a déclaré que ce banc a esté acordé par les enciens seigneurs de Tinteniac et Montmuran.

1. *D'argent à une bécasse de gueules.*

En la chapelle appellée de St Etienne, sittuée au costé de l'Evangile, avons remarqué en la vitre d'icelle deux autres semblables escussons des armes de Laval; en tout laquelle Eglise n'y a autres escussons ny armes que celles cy-dessus, fors une ceinture ou listre funèbre commandée en haut de lad. Eglise depuis peu de temps, armoyée des armes de la Bourdonnaye de Blossac[1] et qui a esté oposée de la part des seigneurs de Tinteniac et Montmuran, ainsy que nous l'ont dit lesd. sieurs Sevegrand et Boudet, attendu qu'ils sont seuls Seigneurs supérieurs et fondateurs de lad. Eglise et cimetière d'icelle.

CARDROC

La porte ouverte par « noble et discrept prêtre Missire Charles Ferron de la Ferronais du Quengo et de la Forest[2] » recteur de la paroisse... « avons remarqué que dans le cœur, chapelle et nef de lad. Eglise, il n'y a aucunes marques, escussons d'armoiries, banc ny autres choses, led. sieur Recteur nous ayant atesté qu'il a toujours entendu dire que les seigneurs de Tinteniac et Montmuran sont seuls

1. *De gueules à trois bourdons d'argent, en pal.*

Les la Bourdonnaye de Blossac prétendaient aux droits de supériorité et de fondation dans les églises de Saint-Brieuc des Iffs et de la Chapelle-Chaussée, à cause de la terre du Chatellier, en cette dernière paroisse, ainsi que le constate l'acte d'acquisition de cette terre, le 8 février 1695, par Messire Regnaud de la Bourdonnaye, sieur de Blossac, d'avec les héritiers de Thibault Le Mintier, seigneur de Carmené, la Crozille, Bon Espoir, le Chatellier, etc... (Minutes Boursin.)

2. Charles Ferron fut baptisé, dans l'église des Iffs, le 21 novembre 1701. Il était fils d'Ecuyer Charles Ferron, seigneur de la Forest et de dame Henriette Françoise Ravart, dame de Trésoleil, sa seconde femme. Il fut pourvu du rectorat de Cardroc le 10 septembre 1732 et y mourut le 13 avril 1755.

et véritables seigneurs supérieurs et fondateurs de lad. Eglise.

Au pied du marchepied du grand autel, du costé de l'Evangile, est une tombe figurée d'une femme autour de laquelle sont gravées plusieurs lettres goticques, lesquelles ne se peuvent présentement lire[1], laquelle tombe aparamant est dépandante de lad. terre et seigneurie de Tinteniac et Montmuran.

Sorty de lad. Eglise avons veu, faisant le circuit du cimetière, un escusson en relief au dessus du couronnement de la grande porte de lad. Eglise sur une pierre de tuffau portant *un aigle déployé et couronné* qui sont les armes des seigneurs de Chatillon de Colligny, ci devant propriétaires de lad. terre et seigneurie de Tinteniac et Montmuran[2]. »

LA BAUSSAINE

« Vénérable et discrept p^{tre} missire Jan Baptiste Aougstin, s^{r} Recteur de lad. paroisse.. » conduisant les visiteurs, « avons remarqué dans plusieurs vitres de lad. église plusieurs escussons d'armoiries de lad. terre et comté de Tinteniac et des alliances d'icelle, comme Sicile[3].

1. Cette pierre, qui représente une dame noble du xve siècle a été enlevée de sa place pour être employée dans le dallage. Tous les paroissiens doivent passer par dessus pour se rendre à leurs bancs. Déjà bien usée, lorsque nous l'avons vue, il y a une quinzaine d'années, il serait vivement à désirer que la Société Archéologique qui recueille avec tant de soins tous les monuments anciens qu'elle découvre, put aussi sauver d'une perte inévitable et imminente, cette figure rare et curieuse.

2. *De gueules à l'aigle éployé d'argent, becqué, membré et couronné d'azur.*

3. *Semé de France, au lambel de gueules à trois pendants.*

Guy XVII de Laval, seigneur de Tinteniac et Montmuran, avait épousé en premières noces Charlotte d'Aragon, princesse de Tarente, fille de Frederic d'Aragon, roi de Naples et de Sicile et d'Ysabeau de Beaux.

Au bas de la grande et maîtresse vitre au-dessus dud. grand autel est un grand escusson *écartelé au premier, des armes de Laval portant d'or à la croix de gueules chargée de cinq coquilles d'argent, cantonnée de seize allerions d'azur, au second et troisième,* deux escus desd. armes de Tinteniac *portant de gueules à trois fasces d'argent, au baston d'azur en bande;* en toute laquelle vitre n'y a aucuns autres escussons ny marques, lad. vitre estant remplie de verre peint représentant l'histoire de la Mort et de la Passion de Nostre Seigneur.

En la chapelle de Saint-Pierre, du costé de l'Evangile, n'y a plus aucuns escussons ny seinture, mais, au pilier sous la voûte de lad. chapelle, à l'entrée d'icelle, est encore un escusson en peinture des armes de Tinteniac, au pied de laquelle voûte et joignant le sanctuaire, est un banc clos portant les armes de Tinteniac et de Couesquen.

Dans la chapelle du costé de l'épitre appellée la Chapelle du Scapulaire est un escusson des armes de Tinteniac seulement, environ le millieu.

Dans la seconde chapelle du costé de l'Evangile avons remarqué au bas de la vitre, deux escussons des mesmes armes de Tinteniac.

Dans la troisiesme chapelle, du mesme costé de l'Evangile, appellée la chapelle Sainte-Anne, avons pareillement remarqué deux escussons au bas de la vitre d'icelle, portant les mesmes armes de Tinteniac.

Dans la dernière vitre du mesme costé, joignant les fonds, avons remarqué un escusson portant un *aigle déployé* qu'on nous a dit estre les armes de Colligny et nous n'avons remarqué dans lad. église aucunes autres armes que celles ci-dessus.

Sorty de lad. église, après avoir fait le circuit d'icelle et du cimetière, avons aussi veu un autre grand escusson en pierre, escartelé comme les précédents des armes de Laval et de Tinteniac, placé au dessus de la grande porte et vitre de lad. église... »

TRIMER

En l'absence de missire Jan Lesguer, curé de Trimer, missire Godefroy Anne, prêtre de la paroisse, introduit dans l'église les notaires qui, après « avoir fait le circuit de lad. église par le dedans et du cimetière, monté dans le clocher, ont vu sur les deux cloches les armes de Tinteniac. »

SAINT-DOMINEUC

Conduits par « vénérable et discrept prestre Jan Thomas Durand » recteur de la paroisse, après avoir induit le Sr Boudet en possession des droits de Supériorité et de Fondation et droits honorifiques dans l'église « étant sortis avons remarqué un pilier de bois en forme de sauvegarde planté dans led. cimetière, armoyé au chef autour d'icelluy de cinq écussons, l'un, des armes de France, deux, des armes de France et de Navarre, les deux autres de Chatillon et de Laval, les tous presque pouris et cassés, un des costés dud. pilier, icelluy vers le Nord, n'ayant plus d'écusson, ayant les tous estés attachés avec des clous aud. pilier... »

TINTENIAC

A Tinteniac, les Recteur et Curé sont absents; c'est « vénérable et discrept prestre missire François Guillois » de lad. paroisse, qui ouvre les portes. « Entrés dans la sacristie qui est à présent au derrière du grand autel, led. autel estant encienne-ment au dessous et au joignant de la grande vitre de la sacristie, qui est la principalle et maîtresse vitre de lad. église, lequel autel a esté depuis environ mil six cent soixante trois ou soixante quatre transféré, par la permission du seigneur lors de Tinteniac et Montmuran, à l'entrée de la voûte de lad. sacristie, au haut de laquelle principalle vitre avons remarqué un encien escusson des armoiries de Laval portant *d'or à la croix de gueules chargée de cinq coquilles d'argent, cantonnée de seize allérions d'azur*, en laquelle maitresse vitre n'y a aucuns autres ecussons ny marques.

Dans la muraille faisant la séparation de lad. sacristie et de la Trésorerie, dans laquelle Trésorerie estait enciennement la chapelle des seigneurs de Tinteniac et Montmuran, du costé de l'épitre, avons remarqué un escusson en bosse sur une pierre de tuffeau derrière la boisure *portant de gueules à trois fasces d'argent au baton d'azur en bande* qui sont les armes de Tinteniac.

Sorty de la sacristie et rentré dans lad. église avons remarqué en la croixée et aille du coeur, du costé de l'évangile, un écusson en haut de la vitre d'icelle desdites armes de Laval portant *d'or à la croix de gueules chargée de cinq coquilles d'argent cantonnée de seize allerions d'azur.*

En l'autre aille de la croixée du costé de l'épitre sont trois autres écussons semblables au précédent placés de rang au bas de la vitre sans aucuns autres escussons ny marques.

Au costé de l'autel de laquelle croixée vers l'Evangille est un escusson en relief de pierre de taille, placé en la muraille, portant les armes du Comté de Tinteniac.

Au couronnement estant au dessus du tableau du grand autel est un escusson portant les armes des Couesquen. Sous la voûte de laquelle croixée du costé de l'épitre est un grand et encien banc de bois avec accoudouër, queue et siège clos et fermé, sur l'accoudouër duquel banc sont marqués en relief trois escussons d'armoiries, le premier, des armes de lad. Comté de Tinteniac cy-devant mentionnée, le second, portant un aigle déployé et couronné, le troisième, d'alliance, party au premier, dud. aigle et le second, un escu plein sans marque, au bas duquel au raz du pavé est une figure en bosse portant un escusson à son costé de Tinteniac, Chatillon et Laval, lad. figure, sur une pierre tombale.

Dans le couronnement de l'autel de la Sainte Vierge, au dessus de son image, est un escusson portant les armes de Couesquen, feu Monsieur le Marquis de la Marzelière de Couesquen ayant été propriétaire de lad. terre de Tinteniac et Montmuran.

Dans le restant des autres vittres n'y avons veu aucuns escussons, la grande vitre qui est sur la grande porte du bas de la nef ayant esté faite de neuf depuis quelques temps.

Sortis de lad. église par une porte qui a son issue

sur le Chapitreau joignant le cimetière du costé de l'épitre, avons aussi remarqué au dessus d'une autre porte étant au proche, par laquelle on entre dans lad. nef, un autre escusson en pierre et relief sur le couronnement de lad. porte, party au premier, dud. aigle et, au second, lesd. armes de Tinteniac.

Au pignon vers Occident de lad. église, au dessus de la grande vitre, en dehors, avons aussy veu un encien escusson en pierre de taille portant lesd. armes de Laval et, au dessous de lad. vitre, proche et au dessus de la grande porte, un autre escusson aussy en relief de pierre marqué et party au premier, desdittes armes de Laval et, au second, de celles de Tinteniac.

Faisant le circuit de lad. église avons remarqué au dessus de la fenestre de la Trézorerie ouvrant sur le cimetière un escusson en relief sur une pierre de tuffeau portant lesdites armes de Tinteniac.

Passé de quoy, nous nous sommes aussy transportés aux prisons de lad. terre et Comté de Tinteniac sittuées en lad. ville de Tinteniac assé proche du cimetière de lad. église, auxquelles est demeurant comme geôlier Jean Harans; le logement desquelles prisons est composé d'une haute salle, une basse fosse ou cachot, une chambre criminelle, chambres et greniers au dessus servant de demeure aud. geôlier, un jardin au derrière et une cour au devant et, du costé dud. logement, fermant d'une grande et petite porte au milieu.

Dudit lieu nous nous sommes transportés en l'Auditoire de lad. Seigneurie et Comté, qui est sous doublage, garny au haut d'icelluy de sièges et bancs pour les Officiers exerçants de lad. jurisdiction et autour d'icelluy garny de baraceaux de bois et terrasses.

Sur l'une des filières dud. Auditoire, du costé du midy, est en relief un escusson portant le mesme aigle que cy-dessus et sur l'autre filière, de l'autre costé, un autre escusson desdites armes de Tinteniac.

A la halle scittuée au milieu de lad. ville de Tinteniac, à costé de laquelle vers Orient est un emplacement servant pour exposer en vente, le jour et marché de lad. Comté, les blasteries,lequel joint aux maisons dud. sieur Boudet et d'Ollivier et Jeanne Œillet.

Dudit lieu nous nous sommes transportés dans une chapelle appellée la Magdeleine de Tinteniac scittuée en lad. par^{sse} de Tinteniac, proche la ville, sur le grand chemin conduisant de Rennes à St-Malo en la présentation du seigneur du Comté de Tinteniac... »

SAINT-MÉLOIR-DES-BOIS

OU SAINT-MELEUC[1].

Reçu par « vénérable et discrept p^{tre} missire Mathurin Héry » sieur Recteur de la paroisse... « avons, en premier lieu, remarqué et veu sur le hault de la principalle porte et entrée de lad. église, par le dehors, au-dessous du chapitreau un encien

1. Très petite et très pauvre paroisse de l'évêché de Dol enclavée dans celui de Saint-Malo qui fut supprimée en 1803 et partagée d'abord entre les paroisses de Québriac et de Bâzouges-sous-Hédé, puis, quelques années plus tard, entièrement rattachée à Tinteniac.

escusson en relief sur une pierre de taille armoyé des armes de Tinténiac qui nous a paru aussi encien que le bastiment de lad. église et, rentrés en icelle nous n'avons remarqué autres armoiries que celles mentionnées dans la prise de possession du 26 avril 1662 qui ont estés gravées sans droit et usurpées par les propriétaires de la Guéhardière, contre lesquelles mondit Seigneur de la Motte du Bois Tomelin proteste de se pourvoir par les voyes de droit comme estant seul seigneur supérieur et fondateur[1]..... »

1. Le seigneur de la Gouarière ou Gorière prétendait droit de fondation en l'église de Saint-Meloir en raison de sa terre de la Gouairière et particulièrement du fief appelé de Saint-Meloir ou Saint-Meleuc et de la Touche dans lequel était bâtie l'église et où se trouvait le cimetière. Il justifiait par actes de « sept vingt ans » (la terre et le fief appartenaient alors à Thebault Piedevache, 1520) ses droits à la possession « d'écusson dans la principale vitre au-dessus du maître-autel, prières nominales, banc à queue dans le chanceau, écussons, etc.., » malgré les protestations du seigneur de la Guéhardière agissant dans l'intérêt des seigneurs de Tinténiac — alors Thomas Hamilton et Henriette de Coligny, sa femme, — se disant supérieurs et fondateurs de l'église. Il y eut à ce sujet entre Charles du Fournet, sieur de la Guéhardière d'une part, et Pierre de Vaucouleurs, sieur de la Ville-André et de la Gouairière et Germaine Joubin, sa femme, d'autre part, un procès où furent produites les pièces suivantes :

1° Lettres patentes du roi de France et duc de Bretagne, données à Nantes le 2 juillet 1524 à Ec. Bonabes de Lespinay, propriétaire des maisons de la Guéhardière et de la Ville-Aleix.

2° Extrait de l'aveu présenté au seigneur de Laval et de Tinténiac par Gilles de Lespinay le 4 août 1542.

3° Aveu rendu le 4 février 1614 à la Seigneurie de Tinténiac par Ec. Guillaume du Fournet, sieur de la Guéhardière « des maisons, terres, fiefs y mentionnés et droict de banc et enfeu prohibitif avec..... armoiryes tant en viltres que relevées en pierre aux portes et posts de l'église de Saint-Meleuc. »

4° Autre aveu du 5 dudit mois et an.

5° Autre aveu du 3 décembre 1642 rendu au roi pour les maisons, terres et héritages, fiefs et juridiction tombés en rachat par le décès, en date du 18 mars 1625, de demoiselle Marguerite de Saint-Pern, femme d'écuyer Charles Gouyon, sieur de la Mordelière.

6° Extrait de partage du 15 juin 1637, de la succession de demoiselle Marguerite de Saint-Pern et de défunt Amaury Gouyon, sieur de Campeneuc, son fils aîné, entre Ec. Gilles Joubin, sieur du Plessis et Hélye de la Haye, sieur de Lesnouen, mary de demoiselle Hélène Gouyon, auquel

Après avoir ainsi pris possession de ces églises, et fait reconnaître les droits honorifiques qui y sont dus à la seigneurie de Tinténiac, des presbitères et

les « prééminences y mentionnées en l'église de Saint-Meloir sont rapportées estre dépendantes de la maison de la Gorière.

7° Une déclaration du 15 janvier 1638 des choses tombées en rachat par le décès dudit Amaury Gouyon, faite par led. Joubin, père et garde naturel de ses enfants de Gabrielle de la Haye vivante sa femme, héritière, « en laquelle est employée lad. maison de la Gorière, avec lesd. prééminences en l'église de Saint-Melleuc. »

8° Acte d'accord et partage du 15 mai 1651 entre Ec. Gervais Joubin, sieur du Plessix et demoiselle Geneviève Joubin, sa sœur.

9° Acte du 21 mai 1518 par le sieur de la Gorière (Thebaut Piedevache fils de Gilles), par le sieur Official de Dol.

10° Aveu du 18 juin 1630 présenté à la seigneurie de la Gorière par Ec. Guillaume du Fournet, sieur de la Guéhardière. (*Registres du greffe de la Sénéchaussée de Hedé, n° 64.* Arch. départementales d'Ille-et-Vil.)

Pour terminer ce procès et faire cesser toute discussion, Charles du Fournet acheta par contrat du 1er mai 1655 de Pierre de Vaucouleurs les fiefs et bailliages de Saint-Méloir et de la Touche « ayant moyenne et basse justice, avec tous les droits qui en dépendaient, » dont, devenu propriétaire, il voulut jouir à son tour.

Cela ne faisait point l'affaire de messire Jean-Gilles Huchet, sieur de la Bédoyère qui, le 22 mars 1662, venait d'acquérir la seigneurie de Tinténiac et, le 19 novembre de la même année, eut lieu une transaction entre lui et écuyer Jean Botherel, sieur de la Prioulaye agissant pour Charles du Fournet, son gendre, dans laquelle il fut convenu ce qui suit : que le sieur de la Prioulaye reconnait « sans contestation le droit de Supériorité au seigneur de Tinténiac, comme seigneur supérieur du fief.., que celui-ci pourra mettre telles armes, bancs et lizières qu'il voudra au-dessus des siennes, sans toutefois baisser ni remuer de place les siennes, comme aussi il ait le premier les prières nominales. » En revanche le sieur de la Prioulaye aura, comme seigneur de la Guéhardière, par suite de son achat des fiefs ci-dessus d'avec le seigneur de la Gouarière, « les bancs qu'il a dans lad. église, l'un dans le chanceau du côté de l'Evangile, l'autre, dans la nef avis l'autel Notre-Dame, sauf à lui faire baisser le ballustre jusqu'au banc du sieur de la Guéhardière pour placer un banc en tel lieu qu'il lui plaira en dedans dud. balustre ; que les écussons du sieur de la Guéhardière qui sont dans la principale vitre y demeureront pareillement, sauf celui qui est au-dessous du crucifix qui sera baissé pour faire place à ceux que le sieur de la Bédoyère voudra placer comme Seigneur supérieur ; que les écussons du sieur de la Guéhardière sur la petite porte de l'église et dans la vitre au proche y resteront et que, là où le seigneur de Tinténiac mettrait une lizière funèbre par dedans et par dehors comme Seigneur supérieur, le seigneur de la Guéhardière en fera aposter une au-dessous comme Seigneur fondateur ; qu'en cette même qualité il aura les prières nominales et autres droits accoutumés après le Seigneur supérieur. »

Cette convention ne fut-elle pas exécutée et le seigneur de la Guéhardière continuait-il à empiéter sur les droits de celui de Montmuran, ou M. de la Motte, après sa nouvelle acquisition, voulut-il les faire recondes terres et landes qui en dépendent, le sieur André Boudet s'en va à Dingé avec ses notaires mettre en possession du bailliage des Vaux messire François de Vaucouleurs, sieur de la Ville-André, associé, pour ce bailliage, dans l'acquêt fait de la terre et seigneurie de Montmuran par M. de la Motte, d'avec « les héritiers en l'estoc maternel de Madame la comtesse de Mornay. »

Malgré cette prise de possession de la seigneurie de Tinténiac et Montmuran, il semble que M. de la Motte ne possédait pas tout, ce qui explique le peu de détails qui nous ont été donnés sur le château et qu'il lui en manquait encore une certaine partie. En effet, il existait encore un autre héritier pour une trente-deuxième partie de la succession avec lequel il n'avait pu traiter.

Soit que ce personnage, officier au service de la Compagnie des Indes, fût en mer en juillet 1750 lors de la première vente, soit qu'il n'ait pas trouvé suffisantes les propositions qu'on lui faisait, soit toute autre raison, ce ne fut que deux ans plus tard, par le contrat suivant passé devant Me Boursin, que le seigneur de Montmuran compléta son acquisition.

Vente « le 17 juin 1752 par noble homme Jan-Joseph de Sanguinet, capitaine de vaisseaux de la Compagnie des Indes, héritier collatéral pour la 32e partie dans la succession de feue dame Françoise-Renée de Couesquen, dame Comtesse de Mornay... à Messire Joseph-Marie-Anne de la Motte, seigneur du Bois-Tomelin et ses associés, de la 32e

naître à nouveau, toujours est-il que, le 10 juin 1760, il faisait renouveler devant Me Boursin, notaire, cette même convention de 1662 par messire Josselin-Joseph Chauchart, sieur du Mottay d'Argantel, mari de dame Anne Claire Rogon, propriétaire de la Guéhardière. *(Minutes Boursin).*

3

partie de la terre et seigneurie de Tinteniac et Montmuran dépendant de lad. succession... comprenant... le château de Montmuran, fuie, colombier, chapelle, jardins, bois taillis, de haute futaie, fiefs, moulins, étangs, prés, garennes, gallois, terres vagues et vaines, halles, prisons, droits de poids et mesure ès marchés, droit de ceps et colliers, ensemble de boutiques, dixmes, de pesche et générallement de tous les domaines, terres et seigneurerie, justice et juridictions, patronage, prééminences d'église, droits utiles et honorifiques en dépendant... y compris la portion des meubles et ornements de la Chapelle... titres et archives... qu'il s'arrange au sujet des titres avec les seigneurs des fiefs prétendant en deshérence par rapport à l'estoc vacquant de Germaine de St-Georges, ayeulle maternelle de ladite Comtesse de Mornay... moyennant la somme de sept mille cent quatre-vingt-sept livres dix sols de principal et deux rentes viagères, l'une de 100 livres à la dame d'Arieux, Relig. à Fougères, et l'autre de 300 livres à la demoiselle Hélène Ché. »

Les associés de M. Joseph-Marie de la Motte étaient, ainsi qu'il ressort du contrat suivant passé en 1751 devant le même Me Boursin, notaire royal à Hédé, Etienne Baude de la Vieuville[1] et François-Joseph Guy de Vaucouleurs, seigneur de la Ville-

1. Messire Etienne-Auguste Baude, marquis de la Vieuville, comte de Châteauneuf, baron du Guemadeuc, seigneur de Saint-Père, de Tréal, de Trémigon, etc., gouverneur du fort de Châteauneuf (1791), colonel d'infanterie, lieutenant aux Gardes, chevalier de Saint-Louis, né à Saint-Malo le 9 mars 1713, était fils de Henri Baude et de dame Pelagie-Céleste Picot. Il se maria deux fois : la première, à Saint-Thual en 1755, avec demoiselle Anne-Andrée Baude, sa nièce, âgée de quatorze ans, née en 1741 à Lanvallay, fille de Messire Joseph Baude et Marie Palavicino; qui mourut à Saint-Malo le 3 janvier 1756 et fut inhumée à Châteauneuf; et la seconde, en 1758, avec demoiselle Françoise-Joséphine Butler, née à Lorient, fille d'écuyer Richard Butler et Marie-Françoise Duvelaër.

André [1], qui achetaient ensemble un huitième de la terre de Montmuran :

« Messire Etienne-Auguste Baude de la Vieuville, chevalier, marquis de Châteauneuf, Colonel d'Infanterie, Lieutenant au Régiment des Gardes françaises, Chev. de l'ordre royal et militaire de St-Louis, acquéreur pour lui et ses associés de la huitième partie par indivis au total de la terre de Tinteniac et Montmuran avec les droits utiles et honorifiques, ensemble toutes ses appartenances, circonstances, annexes et dépendances... d'avec le sieur Charles Lhéritier et dame Catherine-Marie-Anne de Coulon, son épouse, tant en leur nom que comme procureurs de missire Jean-François Voisin [2], prêtre de l'Oratoire et le sieur Chevalier de la

1. François-Joseph Guy de Vaucouleurs, sieur de la Ville-André, la Boullaye-Ferrière, Chamballan, le Bois-Geffroy, etc., chef de nom et armes, fils de René de Vaucouleurs et de dame Jeanne de Québriac, fut baptisé le 17 juillet 1714, six ans après la mort de son père, âgé de vingt ans et quelques mois, par Missire Jacques Follenay de Cremeur, recteur de Saint-Jean de Lamballe, dans l'église de Dingé où il eut pour parrain et marraine Missire Guy de la Haye, recteur de Plouasne et demoiselle Joseph-Anne de Vaucouleurs, sa tante. Le 30 novembre 1728 il épousa, au château de Montis, paroisse de Valette, évêché de Nantes, demoiselle Madeleine-Félicité Barrin, fille mineure de défunt Messire François Barrin, chevalier, marquis de la Guerche, seigneur de Pecheuil, baron de Parcé, etc., et de dame Marie-Toussainte Cheuvreul, demeurant au château de la Guerche, paroisse de Saint Aubin de Luigné, diocèse d'Angers. Nous connaissons de ce mariage de 1729 à 1738 cinq enfants, dont deux filles seulement, Marie-Anne-Félicité et Jeanne Cajetane, nées en 1735 et 1736, vécurent et eurent des alliances.

La première fut mariée le 26 août 1762, dans la chapelle de la Cité, en la paroisse de Saint-Etienne de Rennes, à Messire Jean-François de Quifistre, seigneur de Bavalan, Trenouar, Brays, Pradouays..., etc., fils de messire Jean-François de Quifistre et de dame Gilonne-Joseph Charpentier. Elle mourut en 1790 et fut inhumée le 27 avril dans la chapelle des Carmes de Vannes.

La seconde épousa, le 27 novembre 1764, Messire Jean-Baptiste-Louis Le Roy, fils unique de Jean-Baptiste-Marie Le Roy, seigneur de Macey, Noyant, la Brumanière, etc., et de dame Marie-Louise-Elisabeth Le Champenois, de la paroisse de Macey, évêché d'Avranches.

2. Nous ne savons d'où vient ce Jean-François Voisin, prêtre de l'Oratoire. Nous connaissons en 1775, à Lorient, un Pierre Voisin, sieur de la Serbelle, caissier des édifices de la Compagnie des Indes, marié à

Villeneuve de Languedoc, héritiers pour un huitième de la succession indivise de feue dame Françoise-Renée de Couesquen, dame comtesse de Mornay. »

L'acquêt de Messire Baude de la Vieuville se compose des trois fiefs et bailliages de Blanchefeix ou des Vaux en la paroisse de Combour, de la Carrée, en Châteauneuf et de Laval en celle de la Fresnais.

Le seigneur de la Ville-André prit le bailliage des Vaux en Dingé et M. de la Motte de Montmuran, le surplus du huitième indivis qu'on ne nous fait point connaître.

Lorsque M. de la Motte en eut finit avec les héritiers de la comtesse de Mornay et qu'il eut reconstitué la seigneurie de Tinteniac et Montmuran à peu près aussi complète que lors du décès de son ancienne propriétaire, il dut, à titre de nouveau possesseur, présenter un aveu au Roi. Cet aveu, nous ne l'avons point, mais quelques années plus tard, en 1763, il en fit rédiger un autre par Me Boursin, dont nous extrayons ce qui suit, qui nous énumère tous les droits attachés à la seigneurie :

« Le moulin à eau de Rouillon, paroisse de Saint-Meloir...

Un fief et bailliage nommé le fief de Vaux aux paroisses de Bazouges et Saint-Meloir, partie

demoiselle Rose-Blanche-Sébastiane Mathieu de Merville de Saint-Remy. Peut-être serait-il de la même famille que les Sanguinet, aussi de Lorient, et c'est, vraisemblablement, comme allié de la comtesse de Mornay par sa grand-mère, Germaine de Saint-Georges, qu'il obtint le bénéfice du Prieuré de la Madeleine à la nomination des seigneurs de Montmuran, où nous le trouvons dès 1714, bien jeune, n'étant pas encore prêtre, mais simple clerc tonsuré, qu'il possède encore en 1761 et dont il afferme, par devant maître Faisant, notaire de la juridiction du Plessis-Bonenfant en Saint-Domineuc, pour 460 liv. payables chaque année en deux termes, savoir Pâques et Madeleine, les dîmes qui en dépendaient dans les paroisses de Plouasne et de Longaulnay.

néanmoins d'iceluy enclavé dans la paroisse de Tinteniac, lequel vaut de rente annuelle, par deniers, seize livres huit sols monnoie et, par avoine grosse à la ruche, mesure de Tinteniac composée de trois raseaux par boisseau, pesant en bon froment soixante quatorze à soixante quinze livres, poids de marc, trante et un boisseaux neuf godets et demi et, par poules, deux poules et demie, lesquelles rentes sont deues solidairement par les vassaux et tenanciers des terres roturières ou relevant roturièrement. De ce bailliage sont hommes et sujets le sieur de Blossac pour cause de partie de sa terre du Boisorcan et fief de Ligandière[1]; le sieur de Bourgon[2] pour trois fiefs nommés Lisambardière, la Bellangeraie et fief Bouvet; la dame Rogon, veuve du sieur d'Argantel[3], pour sa terre et fief de la Guéhardière; la dame des Tuslaie[4] pour sa terre de la Couaspelaye et autres.

S'excuse led. seigneur advouant d'emploier au présent le bailliage de Vaux en Combourg, autre-

1. Messire Jacques Regnault de la Bourdonnaye de Blossac avait acquis des héritiers de Messire Thebault Le Mintier de Carmené, en même temps que la seigneurie du Chatellier, les terres de la Crozille, Bon-Espoir, et le Boisorcan

2. Messire Julien-François de la Corbinaye, chevalier, seigneur comte de Bourgon, Conseiller au Parlement, marié à Tinteniac le 19 mars 1729 avec demoiselle Renée-Charlotte de Rabasté, fille aînée de messire Joseph-François, seigneur de la Pommeraye et de la Besnelaye, et de dame Renée Bonnier de la Coquerie.

3. Claire-Anne Rogon, née le 30 novembre 1734, à Saint-Meloir des Bois, fille d'ecuyer Joseph-Marc-Louis-Auguste Rogon, seigneur de la Motte et de dame Jeanne Henry, dame de la Guéhardière, mariée à Messire Josselin-Joseph Chauchart, chevalier, seigneur du Mottay d'Argantel. Après la mort de son mari, arrivée vers 1762, Claire-Anne Rogon prit, en secondes noces, en 1765, ecuyer Pierre-François-Alexandre Boulleuc, capitaine d'infanterie, dont elle eut au moins trois enfants. Elle mourut aux Vallées, en Saint-Helen, le 5 février 1785.

4. Dame Cajetane Louise de Rabasté, née à Paris, le 25 juin 1701, sœur aînée de la dame de Bourgon, épouse de Messire Louis Tranchant, seigneur de la Tuslaye.

ment de Blandefas, attendu le retrait qu'a exercé sur luy, M. le duc de Duras, en vertu de lettres de prélation; n'emploie pareillement le bailliage de la Carrée, en Châteauneuf, acquis par le sieur Baude de la Vieuville, à titre de son associé, semblablement le bailliage de Laval, en la Fresnais, acquis par le sieur Baude de Saint-Père, à pareil titre; même le bailliage de Vaux, en Guipel, acquis à pareil titre d'associé par le sieur de Vaucouleurs.

A cause desquelles choses cy-dessus déclarées et du restant de ladite terre et seigneurie de Tinteniac mouvant de l'abbaye de Saint-Georges à Rennes, led. seigneur de Montmuran a tout ferme droit de haute, basse et moyenne justice qui s'exerce en la ville de Tinteniac, droit d'établir en icelle Sénéchal, Alloué, Lieutenant, Procureur fiscal et Procureurs ad lites, Greffier, Sergents généraux et particuliers, Forestiers et Gardes-bois, droit de Menée au Présidial de Rennes, alternativement avec la juridiction de Saint-Georges, ce qui caractérise le titre de Châtellenie ancienne dont la terre de Tinteniac a esté de tout temps décorée, droit d'épaves, déshérences, batardises, communs, terres vaines et vagues, ceps, post et collier, fourches patibulaires, halle dans la ville de Tinteniac, plusieurs foires et marché au mercredy de chaque semaine ou se perçoit coutume au profit de l'avouant, mesme droit de mesure et apprecy des grains, droit de bouteillage sur tous les vendants vin, cidre, eau-de-vie ou autres breuvages dans l'étendue de la seigneurie à raison d'un pôt par fust, droit de fondation aux églises des Iffs, Cardroc, la Baussaine, Trimer, Saint-Domineuc, La Chapelle-Chaussée, Tinteniac et Saint-Meleuc, avec tous autres droits appartenant à seigneur haut-justicier... »

« Déclare ledit seigneur de Montmuran que le tout cy-dessus relève prochement et noblement du Domaine du Roy à Rennes, sous le ressort du Présidial de Rennes, à devoir de foy, hommage, lods et vente et rachat quand le cas y échoit, sans rente... lesdites choses luy venues par l'acquisition qu'il en a fait d'avec les héritiers de la dame comtesse de Mornay aux fins de divers contrats relatifs à celui du 7 juillet 1750 fait à Saint-Malo... et déjà exhibé à la Chambre lors de la foy et hommage qu'il a faits... »

Pour terminer ce que nous avons à dire sur le château et la seigneurie de Montmuran, nous donnerons encore quelques actes concernant les propriétaires et quelques notes relatives à la chapelle du château et à l'église des Iffs, relevés dans les registres de cette paroisse :

1668. — « Le vingt deuxiesme jour du mois d'octobre mille six cens soixante et huict, hault et puissant messire Henry Pélagie de Couesquen, seigneur marquis de la Marzelière, comte de Combour, etc.., fils de hault et puissant seigneur Malo de Couesquen et de dame Françoise de la Marselière, son espouse et compaigne, et damoiselle Guillemette Belin, dame de la Havardière, fille de noble homme Jan Belin, seigneur de la Maisonneufve et de damoiselle Germaine de St-Georges, son espouse et compaigne, ont esté conjoints en mariage au château de Montmuran, paroisse des Iffs, évêché de St-Malo, par paroles de présents en face de N^re^ Mère Ste Eglise par noble et discret p^bre^ Missire Yves Lesquen, sieur des Salles, chanoine de l'église cathédrale de St-Malo en présences desdits seigneurs de Couesquen et Belin, pères desdits mariés, de noble homme Christophle de St-Georges, sieur de la Grande Maison, oncle maternel de ladite dame de la Marsclière, du sieur de Hindré, cousin paternel et de Messire Mathurin de Rosmadec, chevalier et seigneur baron de Gaël, Messire René Cousturié, seigneur de la Jaronne[1], conseiller en la cour de parlement de ce pais et de moy, Jacques Cochery, p^bre Recteur des Iffs et St-Brieuc et de plusieurs autres messieurs qui ont esté présents ausdites cérémonies et qui ont signé, et ce, aux fins des permissions des sieurs Vicaire perpétuel de l'église cathédrale de St-Malo et du sieur Recteur de Combour, demeurées vers ledit S^r des Salles, lesdits jour et an que dessus. »

Suivent les signatures.

Baptême, 1674. — « Du jeudi cinquième octobre mille six cens soissante et quatorze, environ une heure après midi, acoucha heureusement au château de Montmuran situé dans la paroisse des Iffs, diocèse de St-Malo, d'une fille, haute et puissante Dame Guillemette Belin, espouse de haut et puissant Seigneur Messire Henri Pélage de Couesquen, marquis de la Marzelière... etc., qui a été baptisée dans la chapelle dudit Château par moy, Jacques Cochery, prêtre Recteur de ladite paroisse des Iffs, Notaire apostolique, non nommée, en ayant obtenu permission du sieur Vicaire général du Seigneur Evesque de St-Malo, ledit batême fut le samedi vingt septyème dudit mois d'octobre, environ midi, aux présances dudit Seigneur marquis de la

1. De la Garenne, paroisse de Soudan.

Marzelière, Missire Charles Deslandes, prêtre, chapelain desdits seigneur et dame, les demoiselles sage-femme, nourrice et plusieurs autres aussi présentes ledit jour vingt septyème octobre 1674. »

Décès, 1677. — « Haut et puissant Seigneur Henry Pélage de Quaquen, en son vivant marquis de la Marzelière, conte de Tinteniac et Montmuran, est décédé en son chasteau de Montmuran le 15 novembre; ses entrailles furent enterrées en la Chapelle de St-Touain (St-Ouen)[1]. Son cors fut levé du chasteau par vénérable et discret p[tre] m[ire] François du Plaissis, Recteur de Tinténiac et apporté à l'église.....; son cors fut levé de l'église des Iffs par le même Recteur et aporté à Dinan et fut enterré en l'église des Jacobins ou assistèrent les Recteurs de Tinténiac, St-Domineuc, la Baussaine, Cardroc, les Iffs, St-Méloir, Québriac et plus de six vingt, tant gentilhommes que roturiers, le 10 décembre 1677. »

Bans de mariage, 1751, 12 septembre. — « Ban du mariage entre Messire Joseph Marie de la Motte, chevalier, seigneur de Tinténiac, Monmuran, du Bois Tomelin et autres lieux, fils de feu Messire Pierre de la Motte, seigneur dudit lieu et de dame Servanne Marie de Miniac, ses père et mère, originaire de la ville et paroisse de St-Malo et domicilié de la par[sse] des Iffs d'une part, et damoiselle Marie Anne de Vion, fille de Messire René de Vion, chevalier, seigneur de Tessancourt, Maisoncelles, Carrières, Gros Rouvray et autres lieux et de dame Marie Marguerite de la Salle, originaire de la paroisse du Coudray, diocèse de Sens et domiciliée

1. Patron de l'église des Iffs.

de la paroisse de St-Paul en la ville de Paris. »

Baptême 1766. — « Demoiselle Marie Julienne de la Motte, de la maison de Dinan, fille légitime de Messire Julien François de la Motte, de la maison de Dinan, chevallier, seigneur de Beaumanoir, Trans et autres lieux et de dame Marie Michelle Bousleau, dame de Beaumanoir, ses père et mère, née d'hier au château de Montmuran, paroisse des Iffs, a esté baptisée en notre église ce jour dix neuffième juin 1766 par moy soussigné Recteur; a esté parain Messire Pierre Jean Martial de la Motte, de la maison de Dinan, chevalier, seigneur de Beaumanoir, son frère, et maraine dame Marie Jeanne de la Motte..., dame de la Villesbrune, tante; ont esté présents Messire Julien François de la Motte..., père de l'enfant, Messire Joseph Marie de la Motte, seigneur de Montmuran et dame Marie Anne de Vion-Tessancourt, dame de Montmuran, dame Guyonne Julienne Le Saige de la Villèsbrune, damoiselle Marie Anne de la Motte..., lesquels tous ont signé, lesdits jour et an. »

Un siècle avant l'acquisition de la seigneurie de Montmuran par Messire Joseph Marie Anne de la Motte, un autre membre de la branche aînée de cette même famille de la Motte-Rouge, Jean de la Motte-Rouge, seigneur de la Garenne, était venu s'établir auprès du château, dans la paroisse des Iffs, ou il vécut vingt deux ans, remplissant les fonctions de Sous-fermier des Devoirs. La généalogie des « Dinan » de Mme la comtesse de la Motte-Rouge le mentionne, mais ne s'y arrête pas et ne donne pas toutes ses alliances parce qu'il mourut sans laisser d'enfants à lui survivre de ses trois mariages successifs.

Jean de la Motte-Rouge était le second fils de Pierre de la Motte et de dame Renée Thomas, fille de Vincent, sieur de la Villegratien et de Charlotte de la Lande. Il avait deux frères, Antoine, son aîné qui continua la lignée, puis un cadet, Alain, sieur de Saint-Gilles, décédé sans postérité après deux mariages, et une sœur aînée, née en 1620 et morte en 1683, demoiselle Gilette, femme d'abord de François Lambray, sieur de Launay-Barthélemy, puis, en 1652, de Jacques de la Goublaye, sieur de Belestre.

Jean de la Motte-Rouge, né en 1623, épousa demoiselle Anne Goudrel, dame de Launay, fille de Pierre et Christoflette du Liscouët, seigneur et dame de la Courbrie, dont vint un fils mort sans enfants.

Nous ne connaissons pas l'époque de ce mariage, mais le mari devait être bien jeune et l'union fut bien courte, puisqu'il n'avait pas vingt-trois ans lors de ses secondes noces.

Après le décès de Anne Goudrel, Jean se remaria le 11 février 1646, dans la paroisse des Iffs, avec demoiselle Suzanne Robinault, beaucoup plus âgée que lui, veuve de noble homme Thomas Le Franc, sieur de la Forest qu'elle avait épousé vers 1625, dont elle avait eu au moins six enfants et qui était mort deux ans auparavant, en 1644, à l'âge de soixante-douze ans.

Suzanne Robinault, assistant le 25 mars 1642, au baptême d'une cloche de Cardroc, dont son mari est parrain, est dite fille de la Quenvraye, en Betton. Elle serait donc fille de noble homme Guy Robinault, seigneur de la Quenvraye, époux de N..., qui a un fils, Jacques, baptisé à Betton le 17 mai 1601. Elle serait ainsi née au commencement du

XVIIe siècle et avait une sœur, demoiselle Léonore, présente au mariage, en 1642, de Marguerite Le Franc, sa fille aînée, nommée en 1631 [1], avec Ec. Daniel Le Roy, sieur de Laubanière, Sénéchal de la Chatellenie de Betton. Cette branche des Robinault fut déboutée à la Réformation de 1668.

De ce mariage naquirent deux fils : Jacques, le 15 décembre 1646, nommé le 2 février 1647, veille de sa mort, par « haut et puissant messire Charles de Saint-Gilles, seigneur du Plessix-Peronnay et damoiselle Jacqueline Courault, dame des Briands, en présence d'écuyer Pierre de Bocan, sieur du Chesne, écuyer Fiacre Paillevé, sieur des Clos, et de damoiselle Gilette de la Motte, dame du Demaine (?), tante de l'enfant, et René, né le 22 décembre 1647, et nommé le 4 février 1648 par écuyer Guy Courault, sieur de la Ville-Cottète et damoiselle Jeanne de Lanjamet, dame de Miniac, qui ne vécut que deux ans et mourut le 4 septembre 1650.

Suzanne Robinault vécut jusqu'en 1664 et c'est seulement le 15 août qu'elle alla rejoindre ses enfants dans leur tombeau en l'église des Iffs, proche l'autel du Rosaire, du côté de l'Epitre. Jean de la Motte ne resta pas longtemps veuf et, dès l'année suivante, 1665, il convolait en troisième noces avec damoiselle Cyprienne de la Touche, dame du Bocage, de la paroisse de Saint-Sauveur de Dinan, fille de Louis de la Touche, sieur de la Talvasière et de dame Françoise du Halgouet [2],

1. Il ne faut pas s'étonner du jeune âge de la mariée, car il semble que c'était une habitude dans la famille. La sœur cadette de Marguerite Le Franc, demoiselle Vincente, nommée en 1634, épouse, 24 juillet 1644, n'ayant pas douze ans, Ec. Sébastien Le Bel, sieur de la Chevalleraye. Ce mariage dût être ratifié et validé par une messe dite le 9 avril 1646.

2. Les de la Touche, seigneurs de la Talvasière, en la paroisse de Dolo,

alors douairière. A la cérémonie assistaient la sœur du marié, dame Gilette, dame de Belestre, puis deux autres de la Motte, messire Bertrand et damoiselle Hélène, dame de la Rivière, qu'on nous dit proches parents de la damoiselle du Bocage, ou peut-être plutôt du marié, et que nous ne trouvons pas dans la généalogie des « Dinan », damoiselle Geneviève Ginguené, dame du Dily, femme d'écuyer Renaud du Rocher, sieur du Dily, et damoiselle Charlotte Courault, dame de la Lande-Davy, sœur de écuyer Guy Courault, sieur de la Ville-Cotètte, parrain en 1648 de René dé la Motte.

Ce mariage fut moins heureux encore que les précédents, car il dura à peine un an, et, le 2 février 1666, la dame de la Garenne Motte-Rouge mourait en couches avec son enfant.

Messire Jean de la Motte survécut peu de temps à sa femme; il décéda à son tour en 1668, n'ayant encore que quarante-cinq ans, sans laisser d'héritiers de ses trois femmes.

Réparations au château de Montmuran. — Nous Gaspard de Coulligny chevalier de l'ordre, Seigneur de Chastillon sur Loing, Capitayne de Cinquante lances et couronnal général de touttes les bandes de gens de pied francois Certiffions a noz auditeurs de comptes et aultres quil appartiendra que nous avons Commandé a Ph[les] (Philippes) de Gigon faire délivrer des deniers qui nous sont deubz par Recepueurs de noz seigneuries estans en bretaigne cest asscavoir la somme de Cinquante liures tourn[s] pour faire partie des fraiz quil conuyendra faire au paracheuement du terrier et Refor-

évêché de Saint-Brieuc, nobles d'ancienne extraction, portaient ; *d'azur à la bande dentelée d'argent accostée vers le chef d'une molette d'or.*

mation que nous auons par cy deuant ordonnez estre faictz en n^re^ Seigneurie de Tintiniac et aultres Cinquante liures tourn^s^ pour estre employés aux Réparations des couuertures de n^re^ Chateau de Montmuran et aultres choses y nécessayres qui sont ensemble Cent liures tourn^s^ Laq^lle^ somme de C L^s^ nous voullons estre allouée aud. de Gigon pour les comptes quil nous rendra des deniers quil aura receuz pour nous en nosd. terres de bretaigne, s'il appert suffisamment les choses cy dessus auoir esté faictes. Tesmoing n^re^ seing manuel cy mis A Paris le XXIXeme jour de janvier mil cinq cens quarante huict. (1549.)

G. DE COULLIGNY.

(Mes Arch.)

La peste, 1584. — « La peste commença en Cardreuc et y fut apportée de Rennes, qui vint de Nantes, en l'an 1583 et s'espandit par toutes les paroisses circonvoisines dudit Cardreuc, comme les Iffs, la Chapelle-Chaussée, Miniac, Bécherel, la Baussaine et continua fort longuement, dont plusieurs et un grand nombre moururent. Celuy qui m'a escrit ne le dict pas par ouit dire. Qui le mist icy le 14e jour de janvier 1584. Thebault[1]. »

Cloches. 1596. — Le 31 janvier eut lieu, dans l'église des Iffs, la bénédiction de deux cloches pour le service de la paroisse. La plus grosse fut appelée Marguerite, du nom de dame Marguerite de Tournemine, dame du Bois-Bintin, seconde femme de François Massuel, seigneur de la Bouteillerie, capitaine pendant la Ligue du château de Montmuran qui appartenait alors aux Colligny, nommé cheva-

1. Mathieu Thebaut fut nommé recteur des Iffs le 2 novembre 1581 et fut remplacé en 1601 par M. de la Gaudairie, chanoine du Mans.

lier de l'Ordre par Henri IV, mort vers 1597 et dont le fils, René Massuel, sieur de la Bouteillerie, lui succéda dans le commandement du château, représentée par Jeanne Tremaudan, femme, après le décès, en 1594, de Me Julien Denoual, sieur du Gravier, son premier mari, d'écuyer Jean Couppé, sieur des Vignettes. La petite cloche fut nommée Jeanne par écuyer Jean Ginguené, sieur de la Sauvagère et damoiselle Julienne Guézille, épouse de noble homme Bertrand de Cacé.

Cloche de l'église, 18 janvier 1610. — Bénédiction de la petite cloche « du pouays de treize cents ou environ... par Dom Trochet, curé de ce lieu, en présence de missire François Le Clerc, recteur de ladite paroisse, lequel lui donna son nom, accompagné de damoyselle Guillemette Tufin, femme et compagne de noble homme Jean Denoual, s^r^ du Bouays et la nommèrent Françoyse et étaient présents missire François Villeneuve, R^r^ de Chevaigné, etc..... »

Voyage à Rome, 1600. — « Le douziesme jour de septembre mil six centz, l'an du Saint Jubillé, discrept prestre Dom Jan Trochet, pour lors présent curé des Iffs, luy troysyesme a prins chemin et de la parouasse a party affin de à Rome aller et venir. Jan de la Crouez et Guillaume Raignaudais quandeluy sont partiz pour ensemble fère chemin à la volonté de Dieu; sont allez à Rome, ont visité et, par la Grâce de Dieu, sont retournez en leur église; sont rentrez le mardy dix neufviesme jour, sans mantir, de décembre, l'an présent. »

Image de Saint-Fiacre. — Baptême de Julien Trochet, fils de Jean et Nouelle André, le 9 mai 1608, « et le même jour et an fut l'église des Iffs affestée de plon....., aussi une figure et imaige de Monsieur

Saint-Fiacre avec deux Angelots sur le milieu de l'église et fut faict par maistres plombeurs pintiers, Me Robert Lision, de la Ville de Combour et Me Pierre Robert, de la Ville de Dol. »

Prise de possession du Bénéfice. — « L'an mil six cents six Missire Julien Girard a pris possession du bénéfice des Iffs et lui avait précédé Missire François Le Clerc, tous deux Manceaux, et Le Clerc avait entré par résignation d'un appellé Monsieur de la Gaudairie, chanoine du Mans, et led. Girard qui l'a obtenu aussy par résignation le quatorziesme septembre an que dessus. Ledict Girard décéda le 30e Aougt 1639, après une maladie de fièbvre violente et frénétique qui luy prist le jour de la Transfiguration de Nre-Seign., 6e dud. moys et lui succéda Missire Jacques Cochery, pbre originaire de Tintiniac, pour lors secrétaire et aulmosnier de Messire Achilles de Harlay, Seigneur Evesque de St Malo, qui conféra ledict bénéfice audit Cochery, et, en prit possession, le dimanche 4me 7bre dud. an 1639, Monsieur le Vicaire gal dudict Seign. Evesque.

Décès, 1675. — Jacques de Caradeuc, maître d'hotel au château de Montmuran... décédé... inhumé dans la chapelle du...

Tableaux, 1685. — « Ce jour trantième juillet mil six cents quatre vingt cinq, je, qui soussigne, Recteur des Yffs et Sainct-Brieuc, confesse avoir donné quatre tableaux pour servir au grand autel, scavoir, un de nostre Seigneur et l'autre de la Vierge, de plus une Annonciation avec bordure dorée et une Samaritaine. En foy de quoy j'ay signé. Gaultier Rr. Du depuis jay porté et donné à l'église deux tableaux portant figures d'anges, deux autres petits tableaux pour mettre aux grands chandeliers, deux autres tableaux differans et ay faict faire un pavillon de peinture au grand autel et mis deux chandeliers à demi dorés à deux autels. En foy de quoy jay signé. Gaultier R^r. »

Vitraux, 1696. — Restauration des vitraux de l'église des Iffs par Jan Couvant, maître Peintre-verrier à Rennes. *(Soc. Arch. d'Ille-et-Vil., t. XIX, p. 115.* Jean Couvant, par *Anne Duportal.)*

Décès, 1700. — Ecuyer Pierre Onct (ou O'Neil), Irlandais, âgé d'environ 17 ans... dans le chœur de l'Eglise...; les cérémonies faites par M. Macarty, prêtre Irlandais de la Ville de Hédé... en présence de haute et puissante dame Madame la marquise de la Marzelière, Mlle Lestang Poilvilain, Mlle La Brosse, M. James, M. Saint-Jan, M. Rambure, etc.

Pèlerinage de S.-Fiacre, 1720. — « Cette année, à cause de la grande mortalité causée par la dyssenterie, sont venues processionnellement invocquer Saint-Fiacre les paroisses de Bazouges et Hédé, de Saint-Brieuc, de Cardroc et de la Beaussaine, ce 30e aout 1720, jour du Bienheureux Saint-Fiacre et apportèrent l'infection dans cette paroisse par la grande quantité des valétudinaires. »

Cloche, 1767. — Baptême d'une cloche « nouvellement construite pour le service de la chapelle du château de Montmuran. »

Bénédiction de la chapelle du château, 1770. — « Vu la commission à nous donnée de faire visite de la chapelle nouvellement batie dans l'enceinte du château de Montmuran par Messire Marie-Joseph de la Motte, de la maison de Dinan, chevallier, seigneur de Montmuran, Tinténiac et autres lieux et dame Marianne de Vion de Tessancour, son épouse, au lieu et place d'une autre batie anciennement et depuis peu devenue interdite par raison d'incendie, nous avons descendus en ladite chapelle, l'avons trouvée en bon ordre, garnie d'ornements propres et, d'ailleurs, duement fondée tant pour desservir la fondation de la chapellenie dudit château ; Vu aussi la permission de bénir ladite chapelle, lesdittes commission et permission données par Monseigneur l'Evêque de St Malo, à Rennes, pendant le cours des Etats de la Province de Bretagne le seize du présent mois et an présent signé Antoine Jos. évêque de St Malo. Avons fait la bénédiction de laditte chapelle dédiée à Dieu, au nom et sous l'invocation de la Bienheureuse Vierge Marie, mère de Jesus Christ, notre Sauveur et avons observé les cérémonies prescrites dans le rituel romain en présence de Madame de Montmuran et plusieurs autres, assisté de Messieurs Joseph Marie Sevin, prêtre curé de la Beaussaine, de Toussaint Marie Duchesne, curé de St Brieuc, de Joseph Brechard, prêtre des Iffs, Jan Dollivet desservant ladite chapelle, prêtre de Cardroc, qui tous ont signé avec nous, ce vingt huit[e] novembre mil sept cent soixante dix. »

Bénédiction de la cloche de la chapelle du château, 1770. — « Je certifie avoir fait la bénédiction de la cloche nouvellement fondue pour servir à la chapelle du château de Montmuran en conséquence de la permission me donnée par Monseigneur l'Evêque de St Malo, en datte à Rennes le vingt quatre novembre 1770, signée Antoine Jos. Evêque de St Malo, et avons fait laditte bénédiction conformément aux cérémonies du rituel Romain ; ladite cloche nommée par Madame de Montmuran qui luy a donné le nom de Marie, assisté par les soussignants, etc..., » le même jour que la bénédiction de la chapelle.

Reliques, 1780. — Transport en cérémonie le 20 août 1780, par le clergé des Iffs, de la chapelle de Montmuran où il était venu les chercher, à l'église des Iffs, des reliques de St François de Salles et de Sainte Jeanne Françoise Fremyot de Chantal obtenues par M. le comte et Mme la comtesse de Montmuran. Ces reliques étaient renfermées dans une boite d'ivoire entourée d'un ruban vert et accompagnées de l'authentique de Rennes en date du 20 février 1752.

Enfeu pour Me Louis Le Lièvre, 1636. — Le 18 avril messire Gaspard de Coligny, seigneur de Chatillon, Tinteniac et Montmuran accorde à Ecuyer Louis Le Lièvre, Sénéchal de Hédé, qui venait d'acquérir la terre de la Boscheraye, aux Iffs, le droit de « mettre un banc et d'avoir un enfeu dans l'église des Iffs, dans la chapelle au coté Midi, pour leur servir à entendre le service divin, à lui et à ses successeurs, seigneurs de la Boscheraye, et à être inhumé sous ledit enfeu qui sera à rez de terre, à condition qu'il relèvera pour cela de la seigneurie de Tinteniac et rendra aveu comme il relève et rend aveu pour les autres terres et juridiction de la Boscheraye. » *(Arch. dép[les] d'Ille-et-Vil. 9 G, 21).*

Dans un des registres de la paroisse des Iffs se trouve le Noël suivant, sans date et sans nom d'auteur :

Beau soleil, belle clarté,
Qui, naissant en ceste cité,
As osté de captivité
Nostre lignage déploré.

Ceste profonde humilité
Le faict icy bas rabaissé,
Laissant les triomphes des cieux
Pour naistre icy en ces bas lieux.

Cet amour, cete affection
Le faict oublier ce beau nom
De Dieu, si parfaict en beauté,
Pour prendre nostre humanité.

Voici le Verbe tant promis
Par les profètes et escrits.
C'est le fils de Dieu incarné,
Voici donc sa nativité.

O heureuse humanité,
A laquelle la Déité
S'est voulu donner en faveur
Et rachapt des pauvres pécheurs.

Ce n'est en tout qu'humilité,
Ce n'est qu'amour, que charité,
Ce n'est que beauté et bonté,
Que pureté et netteté.

Je vois une Vierge au costé
Qui l'adore en sa chasteté.
Ce n'est en tout que saintelé,
Que pudeur et virginité.

Joseph aussi, son nourrisier,
N'en est pas loin tout prosterné.
Tout auprès, en s'humiliant,
Adore ce petit enfant.

Vous voiés ces petits pasteurs
Chanter Noël tous sy joyeux,
Tout à l'entour de cet enfant,
En la crèche le regardant.

Qu'il faisait beau voir ce petit
Et ces petits pasteurs aussy
Chanter Noël d'un si grand cœur,
Le recognoistre Dieu et pasteur.

Qu'il faisait beau voir là aussy
Marie, mère de Jésus, cy
Sainte pucelle l'adorant
Et tantôt comme eulx l'embrassant,

Venez donc aussy l'adorer,
Vous le trouverez à l'autel.
Il est là, ou il vous attend,
Pour vous donner le firmament.

Il n'existe ni plan (qui, peut-être, ne serait pas difficile à rétablir) ni description du Château de Montmuran. Tout ce que nous savons se résume dans les quelques renseignements trouvés dans le procès-verbal de mise en possession. Ce n'était plus, à cette époque, le château fort des Laval. Toutes les courtines avaient été démolies et il ne restait que quelques tours, celle ou se trouvait l'entrée, et celle au Nord à laquelle s'appuyait l'aile contenant la nouvelle chapelle, reliées entre elles par un bâtiment neuf qui servait à l'habitation. Nous croyons devoir, pour donner une idée de ce qu'il était au moment où il fut confisqué par la Révolution, transcrire ici le procès-verbal, si succinct qu'il soit, qui en fut fait alors :

Procès-verbal d'estimation de la retenue de Montmuran, 15 germinal an II.

« Nous... nous sommes transportés sur le bien national appellé la Retenue de Montmuran, situé dans la municipalité des Iffs, et autres, provenant de l'émigré Joseph-Marie de la Motte, cy-devant privilégié, autrement noble, lequel est affermé au citoyen Julien Aubrée pour le prix annuel de 1175 livres.

Batiments d'habitation.

La principale maison ou nouveau bâtiment consistant dans une cuisine, vestibule, office, sallon, salle, chambre à coucher, un petit cabinet à côté, une petite chambre au-dessus.

Au premier étage : un corridor, cinq chambres et quatre cabinets, grenier sur le tout.

Cave sous la cuisine, un caveau au bout.

Au bout Nord, à côté de la principale maison, une chapelle, deux chambres au-dessus formant une aile. Cour sablée, une autre cour au-dessous.

Au bout vers Midi de ladite maison, une grande tour avec donjons; au bout vers Nord une autre grande tour; dans lesquelles tours il y a plusieurs beaux appartements. Lesquelles tours pourraient, en vertu des decrets, être, en partie, susceptibles de démolition. »

(Arch. dép[les] d'Ille-et-Vilaine Q. 96 (n° provisoire) — *Communication de M. Parfouru, archiviste*).

Nous ne parlons pas des bâtiments d'exploitation qui existent encore.

A côté de ces tours qui subsistent toujours, on peut reconnaître par le dessèchement, chaque été, des gazons qui la recouvre, au S. E. de celle dite du Midi, l'emplacement d'une troisième rasée jusqu'au sol.

II

SAINT-GILLES

CONTRAT

DE LA TERRE ET SEIGNEURIE DE SAINT-GILLES CONSENTY PAR M. DE LA VILLETHÉARD AU PROFIT DE M. DE SAINT-GILLES. 26 JANVIER 1767.

« Par devant les Notaires Royaux à Hédé soussignés (maîtres Mathurin Cochery et François Robiou, s[r] du Pont) ont comparu Me Louis Bossart... lequel, en vertu de procuration de très haut et très puissant seigneur Messire Louis Xavier Visdelou, chevalier, seigneur comte de la Villetéhart et très haute et très puissante dame Innocente Prudence Guillemette de Rosnivinen, dame comtesse de la Villetéhart... et aussy en vertu de la procuration de demoiselle Artuze Jeanne Charlotte Visdelou, demoiselle de Champagné, émancipée de justice..., a, pour lesdits constituants, leurs hoirs... vendu, cédé... à Messire Joseph Marie de la Motte, de la maison de Dinan, seigneur de Monmuran... aussy porteur de procuration... consentye par très haut et très puissant seigneur Messire Jean Baptiste Polycarpe François de Paul Angélique René, chef de nom et armes, chevalier, seigneur marquis de S-Gilles...

Scavoir est la terre et seigneurie de St-Gilles consistant dans les choses cy-après : premièrement le chasteau de St-Gilles situé sur la paroisse du mesme nom. . avec ses douves, jardin, colombier, chapelle domestique dans le chasteau, explanade, avenue, bois de haulte fustays et de décoration...; la Retenue dud. chasteau de St-Gilles qui comprend partye des logements dudit chasteau et de la basse-cour, le fruittier, le bois taillis, un trait de dixme ayant leur cours en laditte paroisse de Saint-Gilles, les prairyes et terres labourables...; la prairye de la Retenue divisée en deux partyes par un ruisseau, contenant environ quatre journaux ; le moulin nommé le Moulinet, actuellement abandonné et dont l'étang est réduit en prairye, ledit étang contenant avec les édifices encore subsistant, environ cinq journaux.

Plus le droit d'indemnité des biens acquis au profit des pauvres de la paroisse de Saint-Gilles, sous la mouvance des fieffs de laditte seigneurie, par laquelle indemnité l'on paie quatre vingt livres tournois de vingt ans en vingt ans...

Plus le fief et bailliage du Bourgt de Saint-Gilles ayant droit de moyenne et basse justice, avec touttes les rentes féodales qui en dépendent, tant en argent que froment, mesure de Rennes...

Le fief et bailliage du Clos ayant droit de hautte, moyenne et basse justice, ayant cours en laditte paroisse de Saint-Gilles, aussy avec tous ses droits, rentes et redevances seigneurialles...

Le fief et bailliage de Place aussy avec ses droits de hautte, moyenne et basse justice, ayant leur cours dans les paroisses de Saint-Gilles et de Pacé, aussy avec touttes les rentes et redevances seigneurialles...

L'étang de la Vallée en la paroisse de Saint-

Gondran... à la charge de tenir et de relever du Roy sous son domaine à Hédé.

Le tout des autres articles... relevants prochement et noblement du Roy par son Domainne de Rennes à devoir de foy et homages, chambelinage, lods et ventes et rachat quand le cas y echoit, sans aucune rentes...

Secondement : Les halles dud. lieu de St-Gilles avec droit de marché tous les lundys et deux foires par chascun an, l'une le premier septembre, l'autre le deuxième novembre; droit de coustume; l'Auditoire dud. Saint-Gilles et les prisons y joignantes et autres édifices y annexés, mesme les terres dont jouit le fermier desdits édiffices.

La Rabine qui conduist dud. bourg aud. chasteau de Saint-Gilles... relevant prochement du Roy.

Le fief du Grand bailliage de Saint-Gilles ayant cours en laditte paroisse avec touttes les rentes et redevances seigneurialles qui en dépendent, tant en argent que grains, poulles et corvées...

Le fief et bailliage de Travoret ayant cours en laditte paroisse de Saint-Gilles.

Le fief et bailliage de Saint-Gilles, en Claye...

Le fief et bailliage de Breteil, s'étendant en la paroisse du mesme nom et autres... lesquels quatre fiefs et bailliages ont droit de haute, moyenne et basse justice.

Plus les deux moulins à eau de la Motte, sous la mesme couverture... donné, pris et accepté, tenu prochement et noblement du Comté de Montfort, sans charges, rentes ny devoirs que la nue Obeissance...

Plus le Greffe de lad. seigneurie de Saint-Gilles tenu du Roy sous son Domainne de Rennes et du

Comté de Montfort à proportion des fiefs qui en relèvent, ledit greffe affermé, conjointement avec celui de Champaigné appartenant à M. de Normeny, la somme de deux cents livres...

Enfin laditte terre et seigneurie de Saint-Gilles... avec tous les droits qui en dépendent, tant honorifiques qu'utilles, recindents et recisoires, revenus certains et casuels..., pour led. seigneur acquereur jouir du tout et exercer lesdits droits tout ainsy... que lesdits seigneur et dame vendeurs avaient droit de le faire. »

(Ne sont pas vendus scavoir : la métairie du Rocher, paroisse de Pacé; le fief et bailliage de Pleumeleuc, s'étendant entre la paroisse de ce nom et autre.)

Les Seigneurs vendeurs déclarent que de laditte terre et seigneurie de St-Gilles dépendent « la fondation et Supériorité dans l'église et cimetière de St-Gilles à l'exclusion de tout autre..., banc au chanceau de laditte église du costé de l'Evangille, enfeu prohibitif, armoiry et écusson, listre et cinture funèbre au dehors et au dedans de l'église et générallement tous droits appartenants au seigneur fondateur et supérieur. »

Qu'il dépend également de lad. terre et seigneurye « le droit de supériorité en l'églize paroissialle de Claies, lesquels droits lesdits seigneur et dame vendeurs transportent au seigneur acquereur » ... « Sera tenu le seigneur acquereur de payer et aquitter à l'avenir trente bouxeaux de froment de rente annuelle et foncière, mesure de Montfort, due sur laditte terre de St-Gilles au Monastère et Abaye de Saint-Jacques de Montfort, mesme de faire aquitter la fondation faitte par feu Monsieur Beschard, propriétaire de lad. terre, laquelle fondation est de cent vingt livres de rentes par chascun an destinée pour la dot de la chapelle dud. chasteau de Saint-Gilles et de faire dire et célébrer les messes à l'intention du fondateur.

Sont compris dans la présente vente : « les callice, linges et ornements destinés au service de la chapelle... réservant, les seigneur et dame vendeurs, tous les autres meubles estant aud. chasteau de Saint-Gilles.

S'obligent les seigneur et dame vendeurs à remettre aud. seigneur acquéreur tous et chascuns les titres concernant ladítte terre et seigneurie de Saint-Gilles, de bonne foy et sans en retenir aucuns...

La vente de tout ce que dessus faitte et acordée pour et moyennant la somme de cent quarante sept mille deux cents livres...

Et, en l'endroit, le procurateur du seigneur aquéreur nous a déclaré que la susdite somme de 147,200 liv.... lui a été fournye par M. de la Lande-Magon, son beau-père, à valloir d'autant sur les deniers stipulés au contrat de mariage d'entre luy, seigneur marquis de Saint-Gilles, et la dame marquise de Saint-Gilles, son épouse, fille de mondit sieur de la Lande-Magon. »

Deux mois après, le 28 mars, Me Charles Blanchard, muni de procuration de Messire Jean Baptiste Polycarpe François de Paul Angélique René, marquis de Saint-Gilles, demeurant à son chateau de Peronnay, paroisse de Romillé, le nouveau propriétaire, prit, au nom de celui-ci, possession de l'Etang de la Vallée, dans la paroisse de St-Gondran, et le 30, du chateau de St-Gilles et dépendances..., puis de l'église paroissialle de St-Gilles, ou l'on reconnait... « le banc seigneurial du côté de l'Evangile, proche le balustre du grand-autel..., dans la vitre au-dessus du grand-autel un écusson ayant pour armes trois pots ou marmites[1] ; dans la vitre qui est au midy la place d'une bannière de fleurs de lys, dont il n'en reste plus que quelques marques; dans la vitre sur le cœur, des armes de trois pots ou marmites; sur le banc seigneurial trois têtes de loup arrachées, cinq ronds, trois supérieurs et deux inférieurs qui paraissent sur un fond de sable[2] et, au dossier du

1. Montbourcher; *d'azur à trois channes ou marmites d'or.*

La seigneurie de Saint-Gilles était sortie de la famille de ce nom en 1492, au décès de Bertrand de Saint-Gilles, dont Anne, la fille et unique héritière, l'avait portée, par son mariage avec Guillaume Le Léonnais, dans cette maison d'où elle passa, également par alliance, aux Saint-Amadour, puis aux Malestroit.

Les Montbourcher la possédèrent à leur tour par suite du mariage de Jeanne de Malestroit avec François de Montbourcher, dont le fils, René de Montbourcher, la reçut en 1553 de son cousin germain, René de Malestroit, fils de Claude, frère aîné de sa mère, en partage après le décès de leurs grands parents. Ils la conservèrent jusqu'en 1689 que René du Bouays de Meneuf, heritier de sa mère Henriette de Montbourcher, la vendit, le 12 juillet, à Messire Pierre Beschard, au prix de 80,000 l.

2. *D'argent à trois têtes de loup arrachées de sable,* qui est Visdelou, et *d'or à deux fasces de sable chargées, la première de trois besans d'or, et la seconde de deux besans aussi d'or* qui est Boisbaudry, écusson d'alliance de Mre Pierre-Toussaint-François Visdelou, sieur de la Villethéart, et de Artuze de Boisbaudry, sa femme. La terre de Saint Gilles arriva aux Visdelou par le mariage de Louis-Hyacinthe Visdelou de la Villethéart, fils aîné de Claude et de N. Rogon de la Viltebargouet, avec Anne Perrine Beschard, fille de M^ire Pierre et de dame Anne de Robien de Querambourg.

Des cinq enfants qu'avait eu de son mariage Pierre Beschard, un fils et deux filles seulement vivaient au moment de son décès en 1708 ; encore le fils ne lui survécut-il qu'un an et mourut en 1709, sans alliances. Des deux filles, demoiselle Monique, la cadette, s'était mariée en 1707 avec messire Jacques du Bouëttiez dont elle eut deux fils et une fille, et l'aînée, demoiselle Anne-Perrine, née le 23 mai 1681, avait épousé le 3 février 1705, messire Louis-Hyacinthe Visdelou, lui apportant en dot les terres de Saint-Gilles, de Champaigné, du Coudray, de la Chaponière, etc.

De ce mariage vinrent quatre enfants : Pierre-Toussaint-François Visdelou, Jean-Sevère, chevalier de la Villethéart, Inspecteur des haras de France, qui semble mort sans alliances ; Thomase-Louise-Claire, mariée par contrat du 25 juillet 1726 à Claude-Charles Gouyon du Vaurouault, fils aîné de Charles Gouyon, sieur du Vaurouault, de la Villegouray, etc.,

même banc, les mêmes armes; et, sur le tombeau proche ledit banc, huit fleurs de lys, deux à demies croisées, lesquelles fleurs de lys sans nombre en champ d'azur sont, de toute antiquité, les armes du seigneur de la Maison de Saint-Gilles et prouvent ainsi qu'il est notoire en cette province que cette terre a été le berceau des seigneurs de St-Gilles, auteurs du seigneur acquereur. »

Le lendemain, 31 mars, pour finir, maître Charles Blanchart alla, avec les notaires, prendre possession des droits de supériorité qu'avait acquis le seigneur de St-Gilles au presbytère et dans l'église de Claies.

et de Françoise-Hyacinthe Boschier, né le 24 août 1695 et une autre fille décédée sans alliance. (Tous ces noms se trouvent dans une licitation au rapport de Me Boursin, notaire royal à Hédé, après le décès de Luc Beschard, sieur des Faveryes.)

La dame de la Villethéart mourut en 1713.

Pierre-Toussaint-François, le fils aîné, comte de la Villethéart et de Saint-Gilles, châtelain de Champaigné, marquis de Trans, épouse le 8 novembre 1730, dans la chapelle de St-Michel du Gage, en Pleugueneuc, demoiselle Marie Artuze du Boisbaudry, fille aînée de messire Marc-Antoine du Boisbaudry, marquis de Trans, et de dame Jeanne-Marie de St-Gilles du Gage, et dont la sœur cadette, Agnès-Nathalie, fut mariée à Louis-Marie du Boisgelin.

Comme Marc-Antoine n'avait point laissé d'héritier mâle, la branche aînée des Boisbaudry s'éteignit avec lui en 1745 et l'époux de Marie Artuze devint sieur du Boisbaudry et marquis de Trans,

Pierre Toussaint François Visdelou, sieur de St-Gilles, mourut le 12 septembre 1754, laissant les deux enfants nommés dans l'acte de vente : François-Xavier-Louis, nommé en 1758 à la Bouillie et mort à Rennes le 14 mars 1820, qui, dès 1662, encore mineur, avait vendu la terre de Champaigné, et Artuze Jeanne-Charlotte.

RENNES. — IMPRIMERIE EUGÈNE PROST.

www.ingramcontent.com/pod-product-compliance
Ingram Content Group UK Ltd.
Pitfield, Milton Keynes, MK11 3LW, UK
UKHW021513260726
13993UKWH00004B/1642

9 782019 938826